TRANZLATY

El idioma es para todos

A linguagem é para todos

La Bella y la Bestia

A Bela e a Fera

Gabrielle-Suzanne Barbot de Villeneuve

Español / Português Brasileiro

Copyright © 2025 Tranzlaty
All rights reserved
Published by Tranzlaty
ISBN: 978-1-80572-089-8
Original text by Gabrielle-Suzanne Barbot de Villeneuve
La Belle et la Bête
First published in French in 1740
Taken from The Blue Fairy Book (Andrew Lang)
Illustration by Walter Crane
www.tranzlaty.com

Había una vez un rico comerciante
Era uma vez um rico comerciante
Este rico comerciante tuvo seis hijos.
Este rico comerciante teve seis filhos
Tenía tres hijos y tres hijas.
ele teve três filhos e três filhas
No escatimó en gastos para su educación
ele não poupou nenhum custo para sua educação
Porque era un hombre sensato
porque ele era um homem de bom senso
pero dio a sus hijos muchos siervos
mas ele deu a seus filhos muitos servos
Sus hijas eran extremadamente bonitas
suas filhas eram extremamente bonitas
Y su hija menor era especialmente bonita.
e sua filha mais nova era especialmente bonita
Desde niña ya admiraban su belleza
quando criança, sua beleza já era admirada
y la gente la llamaba por su belleza
e as pessoas a chamavam por sua beleza
Su belleza no se desvaneció a medida que envejecía.
sua beleza não desapareceu à medida que envelhecia
Así que la gente seguía llamándola por su belleza.
então as pessoas continuaram chamando-a por sua beleza
Esto puso muy celosas a sus hermanas.
Isso deixou suas irmãs com muito ciúmes
Las dos hijas mayores tenían mucho orgullo.
As duas filhas mais velhas tinham muito orgulho
Su riqueza era la fuente de su orgullo.
sua riqueza era a fonte de seu orgulho
y tampoco ocultaron su orgullo
e eles também não esconderam seu orgulho
No visitaron a las hijas de otros comerciantes.
eles não visitaram as filhas de outros comerciantes
Porque sólo se encuentran con la aristocracia.
porque eles só se encontram com a aristocracia

Salían todos los días a fiestas.
Eles saíam todos os dias para festas
bailes, obras de teatro, conciertos, etc.
bailes, peças de teatro, concertos e assim por diante
y se rieron de su hermana menor
e eles riram de sua irmã mais nova
Porque pasaba la mayor parte del tiempo leyendo
porque ela passava a maior parte do tempo lendo
Era bien sabido que eran ricos
era bem sabido que eles eram ricos
Así que varios comerciantes eminentes pidieron su mano.
então vários comerciantes eminentes pediram sua mão
pero dijeron que no se iban a casar
mas eles disseram que não iriam se casar
Pero estaban dispuestos a hacer algunas excepciones.
mas eles estavam preparados para fazer algumas exceções
"Quizás podría casarme con un duque"
"talvez eu pudesse me casar com um duque"
"Supongo que podría casarme con un conde"
"Acho que poderia me casar com um conde"
Bella agradeció muy civilizadamente a quienes le propusieron matrimonio.
Bela agradeceu muito civilmente àqueles que a pediram em casamento
Ella les dijo que todavía era demasiado joven para casarse.
Ela disse a eles que ainda era muito jovem para se casar
Ella quería quedarse unos años más con su padre.
ela queria ficar mais alguns anos com o pai
De repente el comerciante perdió su fortuna.
De repente, o comerciante perdeu sua fortuna
Lo perdió todo excepto una pequeña casa de campo.
ele perdeu tudo, exceto uma pequena casa de campo
Y con lágrimas en los ojos les dijo a sus hijos:
e ele disse a seus filhos com lágrimas nos olhos:
"Tenemos que ir al campo"
"Devemos ir para o campo"

"y debemos trabajar para vivir"
"e devemos trabalhar para viver"
Las dos hijas mayores no querían abandonar el pueblo.
As duas filhas mais velhas não queriam deixar a cidade
Tenían varios amantes en la ciudad.
eles tinham vários amantes na cidade
y estaban seguros de que uno de sus amantes se casaría con ellos
e eles tinham certeza de que um de seus amantes se casaria com eles
Pensaban que sus amantes se casarían con ellos incluso sin fortuna.
eles pensaram que seus amantes se casariam com eles, mesmo sem fortuna
Pero las buenas damas estaban equivocadas.
mas as boas senhoras estavam enganadas
Sus amantes los abandonaron muy rápidamente
seus amantes os abandonaram muito rapidamente
porque ya no tenían fortuna
porque eles não tinham mais fortuna
Esto demostró que en realidad no eran muy queridos.
Isso mostrou que eles não eram realmente queridos
Todos dijeron que no merecían compasión.
Todo mundo disse que não merece pena
"Nos alegra ver su orgullo humillado"
"Estamos felizes em ver seu orgulho humilhado"
"Que se sientan orgullosos de ordeñar vacas"
"Que eles se orgulhem de ordenhar vacas"
Pero estaban preocupados por Bella.
mas eles estavam preocupados com a beleza
Ella era una criatura tan dulce
ela era uma criatura tão doce
Ella hablaba tan amablemente a la gente pobre.
ela falava tão gentilmente com as pessoas pobres
Y ella era de una naturaleza tan inocente.
e ela era de natureza tão inocente

Varios caballeros se habrían casado con ella.
Vários cavalheiros teriam se casado com ela
Se habrían casado con ella aunque fuera pobre
eles teriam se casado com ela mesmo que ela fosse pobre
pero ella les dijo que no podía casarlos
mas ela disse a eles que não poderia se casar com eles
porque ella no dejaría a su padre
porque ela não deixaria seu pai
Ella estaba decidida a ir con él al campo.
ela estava determinada a ir com ele para o campo
para que ella pudiera consolarlo y ayudarlo
para que ela pudesse confortá-lo e ajudá-lo
La pobre belleza estaba muy triste al principio.
A pobre beleza ficou muito triste no início
Ella estaba afligida por la pérdida de su fortuna.
ela estava triste com a perda de sua fortuna
"Pero llorar no cambiará mi suerte"
"Mas chorar não vai mudar minha sorte"
"Debo intentar ser feliz sin riquezas"
"Devo tentar me fazer feliz sem riqueza"
Llegaron a su casa de campo
eles vieram para sua casa de campo
y el comerciante y sus tres hijos se dedicaron a la agricultura
e o comerciante e seus três filhos se dedicaram à agricultura
Bella se levantó a las cuatro de la mañana.
A beleza levantou-se às quatro da manhã
y se apresuró a limpiar la casa
e ela se apressou em limpar a casa
y se aseguró de que la cena estuviera lista
e ela se certificou de que o jantar estava pronto
Al principio encontró su nueva vida muy difícil.
No começo, ela achou sua nova vida muito difícil
porque no estaba acostumbrada a ese tipo de trabajo
porque ela não estava acostumada a esse trabalho
Pero en menos de dos meses se hizo más fuerte.
mas em menos de dois meses ela ficou mais forte

Y ella estaba más sana que nunca.
e ela estava mais saudável do que nunca
Después de haber hecho su trabajo, leyó
depois de ter feito seu trabalho, ela leu
Ella tocaba el clavicémbalo
ela tocava cravo
o cantaba mientras hilaba seda
ou ela cantava enquanto fiava seda
Por el contrario, sus dos hermanas no sabían cómo pasar el tiempo.
pelo contrário, suas duas irmãs não sabiam como gastar o tempo
Se levantaron a las diez y no hicieron nada más que holgazanear todo el día.
Eles se levantaram às dez e não fizeram nada além de descansar o dia todo
Lamentaron la pérdida de sus hermosas ropas.
eles lamentaram a perda de suas roupas finas
y se quejaron de perder a sus conocidos
e eles reclamaram de perder seus conhecidos
"Mirad a nuestra hermana menor", se dijeron.
"Dê uma olhada em nossa irmã mais nova", disseram um ao outro
"¡Qué criatura tan pobre y estúpida es!"
"Que criatura pobre e estúpida ela é"
"Es mezquino contentarse con tan poco"
"É mau contentar-se com tão pouco"
El amable comerciante tenía una opinión muy diferente.
o gentil comerciante tinha uma opinião bem diferente
Él sabía muy bien que Bella eclipsaba a sus hermanas.
ele sabia muito bem que a Bela ofuscava suas irmãs
Ella los eclipsó tanto en carácter como en mente.
ela os ofuscou em caráter e mente
Él admiraba su humildad y su arduo trabajo.
ele admirava sua humildade e seu trabalho árduo
Pero sobre todo admiraba su paciencia.

mas acima de tudo ele admirava sua paciência
Sus hermanas le dejaron todo el trabajo por hacer.
suas irmãs deixaram para ela todo o trabalho a fazer
y la insultaban a cada momento
e eles a insultaram a cada momento
La familia había vivido así durante aproximadamente un año.
A família vivia assim há cerca de um ano
Entonces el comerciante recibió una carta de un contable.
então o comerciante recebeu uma carta de um contador
Tenía una inversión en un barco.
ele tinha um investimento em um navio
y el barco había llegado sano y salvo
e o navio havia chegado em segurança
Esta noticia hizo que las dos hijas mayores se volvieran locas.
Esta notícia virou a cabeça das duas filhas mais velhas
Inmediatamente tuvieron esperanzas de regresar a la ciudad.
eles imediatamente tiveram esperanças de voltar para a cidade
Porque estaban bastante cansados de la vida en el campo.
porque estavam bastante cansados da vida no campo
Fueron a ver a su padre cuando él se iba.
eles foram para o pai quando ele estava saindo
Le rogaron que les comprara ropa nueva
eles imploraram para que ele comprasse roupas novas para eles
Vestidos, cintas y todo tipo de cositas.
vestidos, fitas e todos os tipos de pequenas coisas
Pero Bella no pedía nada.
mas a Bela não pediu nada
Porque pensó que el dinero no sería suficiente.
porque ela pensou que o dinheiro não seria suficiente
No habría suficiente para comprar todo lo que sus hermanas querían.
não haveria o suficiente para comprar tudo o que suas irmãs queriam

- ¿Qué te gustaría, Bella? -preguntó su padre.
"O que você gostaria, Bela?" perguntou o pai
"Gracias, padre, por la bondad de pensar en mí", dijo.
"Obrigada, pai, pela bondade de pensar em mim", disse ela
"Padre, ten la amabilidad de traerme una rosa"
"Pai, tenha a gentileza de me trazer uma rosa"
"Porque aquí en el jardín no crecen rosas"
"Porque não crescem rosas aqui no jardim"
"y las rosas son una especie de rareza"
"E as rosas são uma espécie de raridade"
A Bella realmente no le importaban las rosas
A beleza realmente não se importava com rosas
Ella solo pidió algo para no condenar a sus hermanas.
ela só pediu algo para não condenar suas irmãs
Pero sus hermanas pensaron que ella pidió rosas por otros motivos.
mas suas irmãs pensaram que ela pediu rosas por outros motivos
"Lo hizo sólo para parecer especial"
"Ela fez isso apenas para parecer particular"
El hombre amable continuó su viaje.
O homem gentil seguiu sua jornada
pero cuando llego discutieron sobre la mercancia
mas quando ele chegou, eles discutiram sobre a mercadoria
Y después de muchos problemas volvió tan pobre como antes.
e depois de muitos problemas, ele voltou tão pobre quanto antes
Estaba a un par de horas de su propia casa.
ele estava a algumas horas de sua própria casa
y ya imaginaba la alegría de ver a sus hijos
e ele já imaginava a alegria de ver seus filhos
pero al pasar por el bosque se perdió
mas ao passar pela floresta ele se perdeu
Llovió y nevó terriblemente
choveu e nevou terrivelmente

El viento era tan fuerte que lo arrojó del caballo.
o vento estava tão forte que o jogou do cavalo
Y la noche se acercaba rápidamente
e a noite estava chegando rapidamente
Empezó a pensar que podría morir de hambre.
ele começou a pensar que poderia morrer de fome
y pensó que podría morir congelado
e ele pensou que poderia congelar até a morte
y pensó que los lobos podrían comérselo
e ele pensou que os lobos poderiam comê-lo
Los lobos que oía aullar a su alrededor
os lobos que ele ouviu uivando ao seu redor
Pero de repente vio una luz.
mas de repente ele viu uma luz
Vio la luz a lo lejos entre los árboles.
ele viu a luz à distância através das árvores
Cuando se acercó vio que la luz era un palacio.
Quando ele se aproximou, viu que a luz era um palácio
El palacio estaba iluminado de arriba a abajo.
O palácio estava iluminado de cima a baixo
El comerciante agradeció a Dios por su suerte.
o comerciante agradeceu a Deus por sua sorte
y se apresuró a ir al palacio
e ele correu para o palácio
Pero se sorprendió al no ver gente en el palacio.
mas ele ficou surpreso ao não ver pessoas no palácio
El patio estaba completamente vacío.
O pátio estava completamente vazio
y no había señales de vida en ninguna parte
e não havia sinal de vida em lugar nenhum
Su caballo lo siguió hasta el palacio.
seu cavalo o seguiu até o palácio
y luego su caballo encontró un gran establo
e então seu cavalo encontrou um grande estábulo
El pobre animal estaba casi muerto de hambre.
o pobre animal estava quase faminto

Entonces su caballo fue a buscar heno y avena.
então seu cavalo entrou para encontrar feno e aveia
Afortunadamente encontró mucho para comer.
Felizmente, ele encontrou muito o que comer
y el mercader ató su caballo al pesebre
e o comerciante amarrou seu cavalo à manjedoura
Caminando hacia la casa no vio a nadie.
Caminhando em direção à casa, ele não viu ninguém
Pero en un gran salón encontró un buen fuego.
mas em um grande salão ele encontrou uma boa fogueira
y encontró una mesa puesta para uno
e ele encontrou uma mesa posta para um
Estaba mojado por la lluvia y la nieve.
ele estava molhado da chuva e da neve
Entonces se acercó al fuego para secarse.
então ele se aproximou do fogo para se secar
"Espero que el dueño de la casa me disculpe"
"Espero que o dono da casa me desculpe"
"Supongo que no tardará mucho en aparecer alguien"
"Suponho que não vai demorar muito para alguém aparecer"
Esperó un tiempo considerable
Ele esperou um tempo considerável
Esperó hasta que dieron las once y todavía no venía nadie.
ele esperou até que batesse onze, e ainda assim ninguém veio
Al final tenía tanta hambre que no podía esperar más.
Por fim, ele estava com tanta fome que não podia esperar mais
Tomó un poco de pollo y se lo comió en dos bocados.
Ele pegou um pouco de frango e comeu em dois bocados
Estaba temblando mientras comía la comida.
ele estava tremendo enquanto comia a comida
Después de esto bebió unas copas de vino.
depois disso, ele bebeu algumas taças de vinho
Cada vez más valiente, salió del salón.
ficando mais corajoso, ele saiu do salão
y atravesó varios grandes salones
e ele atravessou vários grandes salões

Caminó por el palacio hasta llegar a una cámara.
Ele caminhou pelo palácio até entrar em uma câmara
Una habitación que tenía una cama muy buena.
um quarto que tinha uma cama muito boa
Estaba muy fatigado por su terrible experiencia.
ele estava muito cansado de sua provação
Y ya era pasada la medianoche
e a hora já passava da meia-noite
Entonces decidió que era mejor cerrar la puerta.
Então ele decidiu que era melhor fechar a porta
y concluyó que debía irse a la cama
e ele concluiu que deveria ir para a cama
Eran las diez de la mañana cuando el comerciante se despertó.
Eram dez da manhã quando o comerciante acordou
Justo cuando iba a levantarse vio algo
Assim que ele ia se levantar, ele viu algo
Se sorprendió al ver un conjunto de ropa limpia.
Ele ficou surpreso ao ver um conjunto de roupas limpas
En el lugar donde había dejado su ropa sucia.
no lugar onde ele havia deixado suas roupas sujas
"Seguramente este palacio pertenece a algún tipo de hada"
"Certamente este palácio pertence a algum tipo de fada"
" Un hada que me ha visto y se ha compadecido de mí"
"uma fada que viu e teve pena de mim"
Miró por una ventana
Ele olhou por uma janela
Pero en lugar de nieve vio el jardín más delicioso.
mas em vez de neve ele viu o jardim mais delicioso
Y en el jardín estaban las rosas más hermosas.
e no jardim estavam as rosas mais bonitas
Luego regresó al gran salón.
Ele então voltou para o grande salão
El salón donde había tomado sopa la noche anterior.
o salão onde ele havia tomado sopa na noite anterior
y encontró un poco de chocolate en una mesita

e ele encontrou um pouco de chocolate em uma pequena mesa
"Gracias, buena señora hada", dijo en voz alta.
"Obrigado, boa Madame Fada", disse ele em voz alta
"Gracias por ser tan cariñoso"
"Obrigado por ser tão atencioso"
"Le estoy sumamente agradecido por todos sus favores"
"Estou extremamente grato a você por todos os seus favores"
El hombre amable bebió su chocolate.
o homem gentil bebeu seu chocolate
y luego fue a buscar su caballo
e então ele foi procurar seu cavalo
Pero en el jardín recordó la petición de Bella.
mas no jardim ele se lembrou do pedido da Bela
y cortó una rama de rosas
e cortou um ramo de rosas
Inmediatamente oyó un gran ruido
imediatamente ele ouviu um grande barulho
y vio una bestia terriblemente espantosa
e ele viu uma besta terrivelmente assustadora
Estaba tan asustado que estaba a punto de desmayarse.
ele estava com tanto medo que estava prestes a desmaiar
-Eres muy desagradecido -le dijo la bestia.
"Você é muito ingrato", disse a Besta para ele
Y la bestia habló con voz terrible
e a Besta falou com uma voz terrível
"Te he salvado la vida al permitirte entrar en mi castillo"
"Eu salvei sua vida permitindo que você entrasse no meu castelo"
"¿Y a cambio me robas mis rosas?"
"e por isso você rouba minhas rosas em troca?"
"Las rosas que valoro más que nada"
"As rosas que eu valorizo além de tudo"
"Pero morirás por lo que has hecho"
"mas você morrerá pelo que fez"
"Sólo te doy un cuarto de hora para que te prepares"
"Eu lhe dou apenas um quarto de hora para se preparar"

"**Prepárate para la muerte y di tus oraciones**"
"Prepare-se para a morte e faça suas orações"
El comerciante cayó de rodillas
O comerciante caiu de joelhos
y alzó ambas manos
e ele levantou as duas mãos
"**Mi señor, le ruego que me perdone**"
"Meu senhor, eu te imploro que me perdoes"
"**No tuve intención de ofenderte**"
"Eu não tinha intenção de ofendê-lo"
"**Recogí una rosa para una de mis hijas**"
"Colhi uma rosa para uma das minhas filhas"
"**Ella me pidió que le trajera una rosa**"
"Ela me pediu para trazer uma rosa para ela"
-No soy tu señor, pero soy una bestia -respondió el monstruo.
"Eu não sou seu senhor, mas sou uma Besta", respondeu o monstro
"**No me gustan los cumplidos**"
"Eu não amo elogios"
"**Me gusta la gente que habla como piensa**"
"Gosto de pessoas que falam como pensam"
"**No creas que me puedo conmover con halagos**"
"não imagine que posso ser movido pela lisonja"
"**Pero dices que tienes hijas**"
"Mas você diz que tem filhas"
"**Te perdonaré con una condición**"
"Eu vou te perdoar com uma condição"
"**Una de tus hijas debe venir voluntariamente a mi palacio**"
"Uma de suas filhas deve vir ao meu palácio de bom grado"
"**y ella debe sufrir por ti**"
"e ela deve sofrer por você"
"**Déjame tener tu palabra**"
"Deixe-me ter sua palavra"
"**Y luego podrás continuar con tus asuntos**"
"E então você pode cuidar de seus negócios"

"Prométeme esto:"
"Prometa-me isso:"
"Si tu hija se niega a morir por ti, deberás regresar dentro de tres meses"
"Se sua filha se recusar a morrer por você, você deve retornar dentro de três meses"
El comerciante no tenía intenciones de sacrificar a sus hijas.
O comerciante não tinha intenção de sacrificar suas filhas
Pero, como le habían dado tiempo, quiso volver a ver a sus hijas.
mas, como lhe foi dado tempo, ele queria ver suas filhas mais uma vez
Así que prometió que volvería.
Então ele prometeu que voltaria
Y la bestia le dijo que podía partir cuando quisiera.
e a Besta disse-lhe que ele poderia partir quando quisesse
y la bestia le dijo una cosa más
e a Besta disse-lhe mais uma coisa
"No te irás con las manos vacías"
"Não partirás de mãos vazias"
"Vuelve a la habitación donde yacías"
"Volte para o quarto onde você se deitou"
"Verás un gran cofre del tesoro vacío"
"Você verá um grande baú de tesouro vazio"
"Llena el cofre del tesoro con lo que más te guste"
"Encha o baú do tesouro com o que você mais gosta"
"y enviaré el cofre del tesoro a tu casa"
"e enviarei o baú do tesouro para sua casa"
Y al mismo tiempo la bestia se retiró.
e ao mesmo tempo a Besta se retirou
"Bueno", se dijo el buen hombre.
"Bem", disse o bom homem para si mesmo
"Si tengo que morir, al menos dejaré algo a mis hijos"
"se eu tiver que morrer, pelo menos deixarei algo para meus filhos"
Así que regresó al dormitorio.

então ele voltou para o quarto de dormir
y encontró una gran cantidad de piezas de oro
e ele encontrou muitas moedas de ouro
Llenó el cofre del tesoro que la bestia había mencionado.
ele encheu o baú do tesouro que a Besta havia mencionado
y sacó su caballo del establo
e ele tirou seu cavalo do estábulo
La alegría que sintió al entrar al palacio ahora era igual al dolor que sintió al salir de él.
A alegria que sentiu ao entrar no palácio era agora igual à dor que sentiu ao deixá-lo
El caballo tomó uno de los caminos del bosque.
O cavalo pegou uma das estradas da floresta
Y en pocas horas el buen hombre estaba en casa.
e em poucas horas o bom homem estava em casa
Sus hijos vinieron a él
seus filhos vieram até ele
Pero en lugar de recibir sus abrazos con placer, los miró.
mas em vez de receber seus abraços com prazer, ele olhou para eles
Levantó la rama que tenía en sus manos.
ele ergueu o galho que tinha nas mãos
y luego estalló en lágrimas
e então ele começou a chorar
"Belleza", dijo, "por favor toma estas rosas".
"Beleza", disse ele, "por favor, pegue essas rosas"
"No puedes saber lo costosas que han sido estas rosas"
"Você não pode saber o quão caras essas rosas foram"
"Estas rosas le han costado la vida a tu padre"
"essas rosas custaram a vida de seu pai"
Y luego contó su fatal aventura.
e então ele contou sobre sua aventura fatal
Inmediatamente las dos hermanas mayores gritaron.
Imediatamente as duas irmãs mais velhas gritaram
y le dijeron muchas cosas malas a su hermosa hermana
e eles disseram muitas coisas ruins para sua linda irmã

Pero Bella no lloró en absoluto.
mas a Bela não chorou nada
"Mirad el orgullo de ese pequeño desgraciado", dijeron.
"Olhe para o orgulho daquele desgraçado", disseram eles
"ella no pidió ropa fina"
"Ela não pediu roupas finas"
"Ella debería haber hecho lo que hicimos"
"Ela deveria ter feito o que fizemos"
"ella quería distinguirse"
"Ela queria se distinguir"
"Así que ahora ella será la muerte de nuestro padre"
"Então agora ela será a morte de nosso pai"
"Y aún así no derrama ni una lágrima"
"e ainda assim ela não derrama uma lágrima"
"¿Por qué debería llorar?" respondió Bella
"Por que eu deveria chorar?" respondeu Bela
"Llorar sería muy innecesario"
"chorar seria muito desnecessário"
"mi padre no sufrirá por mí"
"Meu pai não sofrerá por mim"
"El monstruo aceptará a una de sus hijas"
"O monstro aceitará uma de suas filhas"
"Me ofreceré a toda su furia"
"Oferecer-me-ei a toda a sua fúria"
"Estoy muy feliz, porque mi muerte salvará la vida de mi padre"
"Estou muito feliz, porque minha morte salvará a vida de meu pai"
"mi muerte será una prueba de mi amor"
"Minha morte será uma prova do meu amor"
-No, hermana -dijeron sus tres hermanos.
"Não, irmã", disseram seus três irmãos
"Eso no será"
"isso não será"
"Iremos a buscar al monstruo"
"Vamos encontrar o monstro"

"y o lo matamos..."
"e ou vamos matá-lo..."
"...o pereceremos en el intento"
"... ou pereceremos na tentativa"
"No imaginéis tal cosa, hijos míos", dijo el mercader.
"Não imaginem tal coisa, meus filhos", disse o comerciante
"El poder de la bestia es tan grande que no tengo esperanzas de que puedas vencerlo"
"O poder da Besta é tão grande que não tenho esperança de que você possa vencê-lo"
"Estoy encantado con la amable y generosa oferta de Bella"
"Estou encantado com a oferta gentil e generosa da Beauty"
"pero no puedo aceptar su generosidad"
"mas não posso aceitar a generosidade dela"
"Soy viejo y no me queda mucho tiempo de vida"
"Estou velho e não tenho muito tempo de vida"
"Así que sólo puedo perder unos pocos años"
"então só posso perder alguns anos"
"Tiempo que lamento por vosotros, mis queridos hijos"
"tempo que lamento por vocês, meus queridos filhos"
"Pero padre", dijo Bella
"Mas pai", disse Bela
"No irás al palacio sin mí"
"Você não deve ir ao palácio sem mim"
"No puedes impedir que te siga"
"Você não pode me impedir de segui-lo"
Nada podría convencer a Bella de lo contrario.
nada poderia convencer a Bela do contrário
Ella insistió en ir al bello palacio.
ela insistiu em ir ao belo palácio
y sus hermanas estaban encantadas con su insistencia
e suas irmãs ficaram encantadas com sua insistência
El comerciante estaba preocupado ante la idea de perder a su hija.
O comerciante estava preocupado com a ideia de perder sua filha

Estaba tan preocupado que se había olvidado del cofre lleno de oro.
Ele estava tão preocupado que havia esquecido o baú cheio de ouro

Por la noche se retiró a descansar y cerró la puerta de su habitación.
à noite, ele se retirava para descansar e fechava a porta do quarto

Entonces, para su gran asombro, encontró el tesoro junto a su cama.
então, para seu grande espanto, ele encontrou o tesouro ao lado de sua cama

Estaba decidido a no contárselo a sus hijos.
ele estava determinado a não contar a seus filhos

Si lo supieran, hubieran querido regresar al pueblo.
se soubessem, gostariam de voltar para a cidade

y estaba decidido a no abandonar el campo
e ele estava resolvido a não deixar o campo

Pero él confió a Bella el secreto.
mas ele confiou a Bela com o segredo

Ella le informó que dos caballeros habían llegado.
ela o informou que dois cavalheiros haviam chegado

y le hicieron propuestas a sus hermanas
e eles fizeram propostas para suas irmãs

Ella le rogó a su padre que consintiera su matrimonio.
ela implorou ao pai que consentisse com o casamento

y ella le pidió que les diera algo de su fortuna
e ela pediu que ele lhes desse um pouco de sua fortuna

Ella ya los había perdonado.
ela já os havia perdoado

Las malvadas criaturas se frotaron los ojos con cebollas.
as criaturas perversas esfregaram os olhos com cebolas

Para forzar algunas lágrimas cuando se separaron de su hermana.
para forçar algumas lágrimas quando se separaram de sua irmã

Pero sus hermanos realmente estaban preocupados.
mas seus irmãos realmente estavam preocupados
Bella fue la única que no derramó ninguna lágrima.
A beleza foi a única que não derramou lágrimas
Ella no quería aumentar su malestar.
ela não queria aumentar sua inquietação
El caballo tomó el camino directo al palacio.
O cavalo pegou a estrada direta para o palácio
y hacia la tarde vieron el palacio iluminado
e ao anoitecer eles viram o palácio iluminado
El caballo volvió a entrar solo en el establo.
o cavalo voltou para o estábulo
Y el buen hombre y su hija entraron en el gran salón.
e o bom homem e sua filha entraram no grande salão
Aquí encontraron una mesa espléndidamente servida.
Aqui eles encontraram uma mesa esplendidamente servida
El comerciante no tenía apetito para comer
o comerciante não tinha apetite para comer
Pero Bella se esforzó por parecer alegre.
mas a Bela se esforçou para parecer alegre
Ella se sentó a la mesa y ayudó a su padre.
Ela se sentou à mesa e ajudou o pai
Pero también pensó para sí misma:
mas ela também pensou consigo mesma:
"La bestia seguramente quiere engordarme antes de comerme"
"A Besta certamente quer me engordar antes de me comer"
"Por eso ofrece tanto entretenimiento"
"É por isso que ele oferece entretenimento tão abundante"
Después de haber comido oyeron un gran ruido.
Depois de comerem, ouviram um grande barulho
Y el comerciante se despidió de su desdichado hijo con lágrimas en los ojos.
e o comerciante se despediu de seu infeliz filho, com lágrimas nos olhos
Porque sabía que la bestia venía

porque ele sabia que a Besta estava chegando
Bella estaba aterrorizada por su horrible forma.
Bela estava apavorada com sua forma horrível
Pero ella tomó coraje lo mejor que pudo.
mas ela tomou coragem o melhor que pôde
Y el monstruo le preguntó si venía voluntariamente.
e o monstro perguntou se ela vinha de bom grado
-Sí, he venido voluntariamente -dijo temblando.
"Sim, eu vim de bom grado", disse ela tremendo
La bestia respondió: "Eres muy bueno"
a Besta respondeu: "Você é muito bom"
"Y te lo agradezco mucho, hombre honesto"
"e estou muito grato a você; homem honesto"
"Continuad vuestro camino mañana por la mañana"
"Segue os teus caminhos amanhã de manhã"
"Pero nunca pienses en venir aquí otra vez"
"mas nunca pense em vir aqui novamente"
"Adiós bella, adiós bestia", respondió.
"Adeus Bela, adeus Fera", respondeu ele
Y de inmediato el monstruo se retiró.
e imediatamente o monstro se retirou
"Oh, hija", dijo el comerciante.
"Oh, filha", disse o comerciante
y abrazó a su hija una vez más
e ele abraçou sua filha mais uma vez
"Estoy casi muerto de miedo"
"Estou quase morrendo de medo"
"Créeme, será mejor que regreses"
"Acredite em mim, é melhor você voltar"
"déjame quedarme aquí, en tu lugar"
"Deixe-me ficar aqui, em vez de você"
—No, padre —dijo Bella con tono decidido.
"Não, pai", disse Bela, em tom resoluto
"Partirás mañana por la mañana"
"você deve partir amanhã de manhã"
"déjame al cuidado y protección de la providencia"

"Deixe-me aos cuidados e proteção da Providência"
Aún así se fueron a la cama
no entanto, eles foram para a cama
Pensaron que no cerrarían los ojos en toda la noche.
eles pensaram que não fechariam os olhos a noite toda
pero justo cuando se acostaron se durmieron
mas assim que se deitaram, dormiram
Bella soñó que una bella dama se acercó y le dijo:
A Bela sonhou que uma bela dama veio e disse a ela:
"Estoy contento, bella, con tu buena voluntad"
"Estou contente, Bela, com sua boa vontade"
"Esta buena acción tuya no quedará sin recompensa"
"Esta sua boa ação não ficará sem recompensa"
Bella se despertó y le contó a su padre su sueño.
Bela acordou e contou ao pai seu sonho
El sueño ayudó a consolarlo un poco.
o sonho ajudou a confortá-lo um pouco
Pero no pudo evitar llorar amargamente mientras se marchaba.
mas ele não pôde deixar de chorar amargamente enquanto estava saindo
Tan pronto como se fue, Bella se sentó en el gran salón y lloró también.
assim que ele se foi, Bela sentou-se no grande salão e chorou também
Pero ella decidió no sentirse inquieta.
mas ela resolveu não ficar inquieta
Ella decidió ser fuerte por el poco tiempo que le quedaba de vida.
Ela decidiu ser forte pelo pouco tempo que lhe restava de vida
Porque creía firmemente que la bestia la comería.
porque ela acreditava firmemente que a Besta iria comê-la
Sin embargo, pensó que también podría explorar el palacio.
no entanto, ela pensou que poderia muito bem explorar o palácio
y ella quería ver el hermoso castillo

e ela queria ver o belo castelo
Un castillo que no pudo evitar admirar.
um castelo que ela não podia deixar de admirar
Era un palacio deliciosamente agradable.
era um palácio deliciosamente agradável
y ella se sorprendió muchísimo al ver una puerta
e ela ficou extremamente surpresa ao ver uma porta
Y sobre la puerta estaba escrito que era su habitación.
e sobre a porta estava escrito que era o quarto dela
Ella abrió la puerta apresuradamente
Ela abriu a porta apressadamente
y ella quedó completamente deslumbrada con la magnificencia de la habitación.
e ela estava bastante deslumbrada com a magnificência da sala
Lo que más le llamó la atención fue una gran biblioteca.
O que mais chamou sua atenção foi uma grande biblioteca
Un clavicémbalo y varios libros de música.
um cravo e vários livros de música
"Bueno", se dijo a sí misma.
"Bem", disse ela para si mesma
"Veo que la bestia no dejará que mi tiempo cuelgue pesadamente"
"Vejo que a Besta não vai deixar meu tempo pesado"
Entonces reflexionó sobre su situación.
Então ela refletiu para si mesma sobre sua situação
"Si me hubiera quedado un día, todo esto no estaría aquí"
"Se eu fosse ficar um dia, tudo isso não estaria aqui"
Esta consideración le inspiró nuevo coraje.
Essa consideração a inspirou com nova coragem
y tomó un libro de su nueva biblioteca
e ela pegou um livro de sua nova biblioteca
y leyó estas palabras en letras doradas:
e ela leu estas palavras em letras douradas:
"Bienvenida Bella, destierra el miedo"
"Bem-vinda Beleza, banir o medo"
"Eres reina y señora aquí"

"Você é rainha e senhora aqui"
"Di tus deseos, di tu voluntad"
"Fale seus desejos, fale sua vontade"
"Aquí la obediencia rápida cumple tus deseos"
"A obediência rápida atende aos seus desejos aqui"
"¡Ay!", dijo ella con un suspiro.
"Ai de mim", disse ela, com um suspiro
"Lo que más deseo es ver a mi pobre padre"
"Acima de tudo, desejo ver meu pobre pai"
"y me gustaría saber qué está haciendo"
"e eu gostaria de saber o que ele está fazendo"
Tan pronto como dijo esto se dio cuenta del espejo.
Assim que ela disse isso, ela notou o espelho
Para su gran asombro, vio su propia casa en el espejo.
Para seu grande espanto, ela viu sua própria casa no espelho
Su padre llegó emocionalmente agotado.
seu pai chegou emocionalmente exausto
Sus hermanas fueron a recibirlo
suas irmãs foram encontrá-lo
A pesar de sus intentos de parecer tristes, su alegría era visible.
Apesar de suas tentativas de parecer tristes, sua alegria era visível
Un momento después todo desapareció
Um momento depois, tudo desapareceu
Y las aprensiones de Bella también desaparecieron.
e as apreensões da Bela também desapareceram
porque sabía que podía confiar en la bestia
pois ela sabia que podia confiar na Besta
Al mediodía encontró la cena lista.
Ao meio-dia, ela encontrou o jantar pronto
Ella se sentó a la mesa
ela se sentou à mesa
y se entretuvo con un concierto de música
e ela foi entretida com um concerto de música
Aunque no podía ver a nadie

embora ela não pudesse ver ninguém
Por la noche se sentó a cenar otra vez
à noite, ela se sentou para jantar novamente
Esta vez escuchó el ruido que hizo la bestia.
desta vez ela ouviu o barulho que a Besta fez
y ella no pudo evitar estar aterrorizada
e ela não pôde deixar de ficar apavorada
"belleza", dijo el monstruo
"Beleza", disse o monstro
"¿Me permites comer contigo?"
"Você me permite comer com você?"
"Haz lo que quieras", respondió Bella temblando.
"Faça o que quiser", respondeu a Bela trêmula
"No", respondió la bestia.
"Não", respondeu a Besta
"Sólo tú eres la señora aquí"
"Só você é senhora aqui"
"Puedes despedirme si soy problemático"
"você pode me mandar embora se eu for problemático"
"Despídeme y me retiraré inmediatamente"
"mande-me embora e eu me retirarei imediatamente"
—Pero dime, ¿no te parece que soy muy fea?
"Mas, diga-me; você não acha que sou muito feio?"
"Eso es verdad", dijo Bella.
"Isso é verdade", disse Bela
"No puedo decir una mentira"
"Eu não posso mentir"
"Pero creo que tienes muy buen carácter"
"mas eu acredito que você é muito bem-humorado"
"Sí, lo soy", dijo el monstruo.
"Eu sou de fato", disse o monstro
"Pero aparte de mi fealdad, tampoco tengo sentido"
"Mas, além da minha feiura, também não tenho juízo"
"Sé muy bien que soy una criatura tonta"
"Eu sei muito bem que sou uma criatura boba"
—No es ninguna locura pensar así —replicó Bella.

"Não é sinal de loucura pensar assim", respondeu Bela
"Come entonces, bella", dijo el monstruo.
"Coma então, Bela", disse o monstro
"Intenta divertirte en tu palacio"
"Tente se divertir em seu palácio"
"Todo aquí es tuyo"
"tudo aqui é seu"
"Y me sentiría muy incómodo si no fueras feliz"
"e eu ficaria muito inquieto se você não fosse feliz"
-Eres muy servicial -respondió Bella.
"Você é muito prestativa", respondeu Bela
"Admito que estoy complacido con su amabilidad"
"Admito que estou satisfeito com sua gentileza"
"Y cuando considero tu bondad, apenas noto tus deformidades"
"e quando considero sua bondade, mal noto suas deformidades"
"Sí, sí", dijo la bestia, "mi corazón es bueno".
"Sim, sim", disse a Besta, "meu coração é bom
"Pero aunque soy bueno, sigo siendo un monstruo"
"mas embora eu seja bom, ainda sou um monstro"
"Hay muchos hombres que merecen ese nombre más que tú"
"Há muitos homens que merecem esse nome mais do que você"
"Y te prefiero tal como eres"
"e eu prefiro você do jeito que você é"
"y te prefiero más que a aquellos que esconden un corazón ingrato"
"e eu prefiro você mais do que aqueles que escondem um coração ingrato"
"Si tuviera algo de sentido común", respondió la bestia.
"se eu tivesse algum bom senso", respondeu a Besta
"Si tuviera sentido común, te haría un buen cumplido para agradecerte"
"se eu tivesse bom senso, faria um belo elogio para agradecer"
"Pero soy tan aburrida"

"mas eu sou tão chato"
"Sólo puedo decir que le estoy muy agradecido"
"Só posso dizer que sou muito grato a você"
Bella comió una cena abundante
A beleza comeu um jantar farto
y ella casi había superado su miedo al monstruo
e ela quase venceu seu pavor do monstro
Pero ella quería desmayarse cuando la bestia le hizo la siguiente pregunta.
mas ela queria desmaiar quando a Besta lhe fez a próxima pergunta
"Belleza, ¿quieres ser mi esposa?"
"Bela, você quer ser minha esposa?"
Ella tardó un tiempo antes de poder responder.
ela demorou algum tempo antes que pudesse responder
Porque tenía miedo de hacerlo enojar
porque ela tinha medo de deixá-lo com raiva
Al final, sin embargo, dijo: "No, bestia".
por fim, porém, ela disse "não, Fera"
Inmediatamente el pobre monstruo silbó muy espantosamente.
Imediatamente o pobre monstro sibilou muito assustadoramente
y todo el palacio hizo eco
e todo o palácio ecoou
Pero Bella pronto se recuperó de su susto.
mas Bela logo se recuperou de seu susto
porque la bestia volvió a hablar con voz triste
porque a Fera falou novamente com uma voz triste
"Entonces adiós, belleza"
"então adeus, Bela"
y sólo se volvía de vez en cuando
e ele só voltava de vez em quando
mirarla mientras salía
olhar para ela enquanto ele saía
Ahora Bella estaba sola otra vez

agora a Bela estava sozinha novamente
Ella sintió mucha compasión
ela sentiu muita compaixão
"Ay, es una lástima"
"Infelizmente, é mil penas"
"algo tan bueno no debería ser tan feo"
"Qualquer coisa tão bem-humorada não deve ser tão feia"
Bella pasó tres meses muy contenta en palacio.
Bela passou três meses muito contente no palácio
Todas las noches la bestia le hacía una visita.
todas as noites a Besta a visitava
y hablaron durante la cena
e eles conversaram durante o jantar
Hablaban con sentido común
eles falaram com bom senso
Pero no hablaban con lo que la gente llama ingenio.
mas eles não falavam com o que as pessoas chamam de espirituosidade
Bella siempre descubre algún carácter valioso en la bestia.
A Bela sempre descobria algum personagem valioso na Fera
y ella se había acostumbrado a su deformidad
e ela se acostumou com sua deformidade
Ella ya no temía el momento de su visita.
ela não temia mais a hora de sua visita
Ahora a menudo miraba su reloj.
agora ela costumava olhar para o relógio
y ella no podía esperar a que fueran las nueve en punto
e ela mal podia esperar que fossem nove horas
Porque la bestia nunca dejaba de venir a esa hora
porque a Besta nunca deixou de vir àquela hora
Sólo había una cosa que preocupaba a Bella.
havia apenas uma coisa que preocupava a Beleza
Todas las noches antes de irse a dormir la bestia le hacía la misma pregunta.
todas as noites, antes de ir para a cama, a Besta fazia a mesma pergunta

El monstruo le preguntó si sería su esposa.
O monstro perguntou se ela seria sua esposa
Un día ella le dijo: "bestia, me pones muy nerviosa"
um dia ela disse a ele: "Fera, você me deixa muito inquieto"
"Me gustaría poder consentir en casarme contigo"
"Eu gostaria de poder consentir em me casar com você"
"Pero soy demasiado sincero para hacerte creer que me casaría contigo"
"mas sou sincero demais para fazer você acreditar que eu me casaria com você"
"nuestro matrimonio nunca se realizará"
"Nosso casamento nunca vai acontecer"
"Siempre te veré como un amigo"
"Sempre o verei como um amigo"
"Por favor, trate de estar satisfecho con esto"
"Por favor, tente ficar satisfeito com isso"
"Debo estar satisfecho con esto", dijo la bestia.
"Devo estar satisfeito com isso", disse a Besta
"Conozco mi propia desgracia"
"Eu conheço meu próprio infortúnio"
"pero te amo con el más tierno cariño"
"mas eu te amo com o mais terno carinho"
"Sin embargo, debo considerarme feliz"
"No entanto, devo me considerar tão feliz"
"Y me alegraría que te quedaras aquí"
"e eu ficaria feliz por você ficar aqui"
"Prométeme que nunca me dejarás"
"Prometa-me nunca me deixar"
Bella se sonrojó ante estas palabras.
A beleza corou com essas palavras
Un día Bella se estaba mirando en el espejo.
um dia a Bela estava se olhando no espelho
Su padre se había preocupado muchísimo por ella.
seu pai se preocupou muito com ela
Ella anhelaba verlo de nuevo más que nunca.
ela ansiava por vê-lo novamente mais do que nunca

"**Podría prometerte que nunca te abandonaré por completo**"
"Eu poderia prometer nunca deixá-lo completamente"
"**Pero tengo un deseo tan grande de ver a mi padre**"
"mas tenho um desejo tão grande de ver meu pai"
"**Me molestaría muchísimo si dijeras que no**"
"Eu ficaria incrivelmente chateado se você dissesse não"
"**Preferiría morir yo mismo**", dijo el **monstruo.**
"Eu prefiro morrer", disse o monstro
"**Prefiero morir antes que hacerte sentir incómodo**"
"Prefiro morrer a fazer você sentir mal-estar"
"**Te enviaré con tu padre**"
"Vou mandá-lo para seu pai"
"**permanecerás con él**"
"você deve permanecer com ele"
"**y esta desafortunada bestia morirá de pena en su lugar**"
"e esta infeliz Besta morrerá de tristeza em vez disso"
"**No**", dijo **Bella, llorando.**
"Não", disse Bela, chorando
"**Te amo demasiado para ser la causa de tu muerte**"
"Eu te amo demais para ser a causa de sua morte"
"**Te doy mi promesa de regresar en una semana**"
"Eu te prometo voltar em uma semana"
"**Me has demostrado que mis hermanas están casadas**"
"Você me mostrou que minhas irmãs são casadas"
"**y mis hermanos se han ido al ejército**"
"e meus irmãos foram para o exército"
"**déjame quedarme una semana con mi padre, ya que está solo**"
"Deixe-me ficar uma semana com meu pai, pois ele está sozinho"
"**Estarás allí mañana por la mañana**", dijo la **bestia.**
"Você estará lá amanhã de manhã", disse a Besta
"**pero recuerda tu promesa**"
"mas lembre-se da sua promessa"
"**Solo tienes que dejar tu anillo sobre una mesa antes de irte a dormir**"

"Você só precisa colocar seu anel em uma mesa antes de ir para a cama"
"Y luego serás traído de regreso antes de la mañana"
"e então você será trazido de volta antes da manhã"
"Adiós querida belleza", suspiró la bestia.
"Adeus, querida Bela", suspirou a Fera
Bella se fue a la cama muy triste esa noche.
Beauty foi para a cama muito triste naquela noite
Porque no quería ver a la bestia tan preocupada.
porque ela não queria ver a Fera tão preocupada
A la mañana siguiente se encontró en la casa de su padre.
Na manhã seguinte, ela se viu na casa de seu pai
Ella hizo sonar una campanita junto a su cama.
ela tocou um pequeno sino ao lado da cama
y la criada dio un grito fuerte
e a empregada deu um grito alto
y su padre corrió escaleras arriba
e seu pai correu escada acima
Él pensó que iba a morir de alegría.
ele pensou que ia morrer de alegria
La sostuvo en sus brazos durante un cuarto de hora.
ele a segurou em seus braços por um quarto de hora
Finalmente los primeros saludos terminaron.
eventualmente, as primeiras saudações terminaram
Bella empezó a pensar en levantarse de la cama.
Beauty começou a pensar em sair da cama
pero se dio cuenta de que no había traído ropa
mas ela percebeu que não havia trazido roupas
pero la criada le dijo que había encontrado una caja
mas a empregada disse que havia encontrado uma caixa
El gran baúl estaba lleno de vestidos y batas.
o grande baú estava cheio de vestidos e vestidos
Cada vestido estaba cubierto de oro y diamantes.
Cada vestido era coberto com ouro e diamantes
Bella agradeció a la Bestia por su amable atención.
Bela agradeceu a Fera por seu cuidado gentil

y tomó uno de los vestidos más sencillos
e ela pegou um dos vestidos mais simples
Ella tenía la intención de regalar los otros vestidos a sus hermanas.
ela pretendia dar os outros vestidos para suas irmãs
Pero ante ese pensamiento el arcón de ropa desapareció.
mas com esse pensamento o baú de roupas desapareceu
La bestia había insistido en que la ropa era solo para ella.
A Fera insistiu que as roupas eram apenas para ela
Su padre le dijo que ese era el caso.
seu pai disse a ela que esse era o caso
Y enseguida volvió el baúl de la ropa.
e imediatamente o baú de roupas voltou novamente
Bella se vistió con su ropa nueva
Bela se vestiu com suas roupas novas
Y mientras tanto las doncellas fueron a buscar a sus hermanas.
e, enquanto isso, as empregadas foram encontrar suas irmãs
Ambas hermanas estaban con sus maridos.
ambas as irmãs estavam com seus maridos
Pero sus dos hermanas estaban muy infelices.
mas suas duas irmãs estavam muito infelizes
Su hermana mayor se había casado con un caballero muy guapo.
sua irmã mais velha havia se casado com um cavalheiro muito bonito
Pero estaba tan enamorado de sí mismo que descuidó a su esposa.
mas ele gostava tanto de si mesmo que negligenciou sua esposa
Su segunda hermana se había casado con un hombre ingenioso.
sua segunda irmã havia se casado com um homem espirituoso
Pero usó su ingenio para atormentar a la gente.
mas ele usou sua inteligência para atormentar as pessoas
Y atormentaba a su esposa sobre todo.

e ele atormentou sua esposa acima de tudo
Las hermanas de Bella la vieron vestida como una princesa
As irmãs de Bela a viram vestida como uma princesa
y se enfermaron de envidia
e adoeceram de inveja
Ahora estaba más bella que nunca
agora ela estava mais bonita do que nunca
Su comportamiento cariñoso no pudo sofocar sus celos.
seu comportamento afetuoso não conseguia sufocar o ciúme deles
Ella les contó lo feliz que estaba con la bestia.
ela disse a eles como estava feliz com a Fera
y sus celos estaban a punto de estallar
e seu ciúme estava prestes a explodir
Bajaron al jardín a llorar su desgracia.
Eles desceram ao jardim para chorar por seu infortúnio
"¿En qué sentido esta pequeña criatura es mejor que nosotros?"
"De que maneira esta pequena criatura é melhor do que nós?"
"¿Por qué debería estar mucho más feliz?"
"Por que ela deveria ser muito mais feliz?"
"Hermana", dijo la hermana mayor.
"Irmã", disse a irmã mais velha
"Un pensamiento acaba de golpear mi mente"
"Um pensamento acabou de me vir à mente"
"Intentemos mantenerla aquí más de una semana"
"Vamos tentar mantê-la aqui por mais de uma semana"
"Quizás esto enfurezca al tonto monstruo"
"Talvez isso enfureça o monstro bobo"
"porque ella hubiera faltado a su palabra"
"Porque ela teria quebrado sua palavra"
"y entonces podría devorarla"
"e então ele pode devorá-la"
"Esa es una gran idea", respondió la otra hermana.
"Essa é uma ótima ideia", respondeu a outra irmã
"Debemos mostrarle la mayor amabilidad posible"

"devemos mostrar a ela o máximo de bondade possível"
Las hermanas tomaron esta resolución
As irmãs fizeram disso sua resolução
y se comportaron con mucho cariño con su hermana
e eles se comportaram muito afetuosamente com sua irmã
La pobre belleza lloró de alegría por toda su bondad.
a pobre Bela chorou de alegria por toda a sua bondade
Cuando la semana se cumplió, lloraron y se arrancaron el pelo.
Quando a semana terminou, eles choraram e arrancaram os cabelos
Parecían muy apenados por separarse de ella.
eles pareciam tão tristes por se separar dela
y Bella prometió quedarse una semana más
e Beauty prometeu ficar mais uma semana
Mientras tanto, Bella no pudo evitar reflexionar sobre sí misma.
Nesse ínterim, Bela não pôde deixar de refletir sobre si mesma
Ella se preocupaba por lo que le estaba haciendo a la pobre bestia.
ela se preocupou com o que estava fazendo com a pobre Fera
Ella sabía que lo amaba sinceramente.
ela sabia que o amava sinceramente
Y ella realmente anhelaba verlo otra vez.
e ela realmente ansiava por vê-lo novamente
La décima noche también la pasó en casa de su padre.
a décima noite ela passou na casa de seu pai também
Ella soñó que estaba en el jardín del palacio.
Ela sonhou que estava no jardim do palácio
y soñó que veía a la bestia extendida sobre la hierba
e ela sonhou que viu a Besta estendida na grama
Parecía reprocharle con voz moribunda
ele parecia censurá-la com uma voz moribunda
y la acusó de ingratitud
e ele a acusou de ingratidão
Bella se despertó de su sueño.

A beleza acordou de seu sono
y ella estalló en lágrimas
e ela começou a chorar
"¿No soy muy malvado?"
"Não sou muito perverso?"
"¿No fue cruel de mi parte actuar tan cruelmente con la bestia?"
"Não foi cruel da minha parte agir tão cruelmente com a Besta?"
"La bestia hizo todo lo posible para complacerme"
"A Fera fez de tudo para me agradar"
-¿Es culpa suya que sea tan feo?
"É culpa dele que ele seja tão feio?"
¿Es culpa suya que tenga tan poco ingenio?
"É culpa dele que ele tenha tão pouca inteligência?"
"Él es amable y bueno, y eso es suficiente"
"Ele é gentil e bom, e isso é suficiente"
"¿Por qué me negué a casarme con él?"
"Por que me recusei a me casar com ele?"
"Debería estar feliz con el monstruo"
"Eu deveria estar feliz com o monstro"
"Mira los maridos de mis hermanas"
"Olhe para os maridos de minhas irmãs"
"ni el ingenio ni la belleza los hacen buenos"
"nem a inteligência, nem um ser bonito os torna bons"
"Ninguno de sus maridos las hace felices"
"Nenhum de seus maridos os faz felizes"
"pero virtud, dulzura de carácter y paciencia"
"mas virtude, doçura de temperamento e paciência"
"Estas cosas hacen feliz a una mujer"
"Essas coisas fazem uma mulher feliz"
"y la bestia tiene todas estas valiosas cualidades"
"e a Besta tem todas essas qualidades valiosas"
"Es cierto; no siento la ternura del afecto por él"
"É verdade; Não sinto a ternura do carinho por ele"
"Pero encuentro que tengo la más alta gratitud por él"

"mas acho que tenho a maior gratidão por ele"
"y tengo por él la más alta estima"
"e eu tenho a mais alta estima por ele"
"y él es mi mejor amigo"
"E ele é meu melhor amigo"
"No lo haré miserable"
"Eu não vou torná-lo miserável"
"Si fuera tan desagradecido nunca me lo perdonaría"
"Se eu fosse tão ingrata, nunca me perdoaria"
Bella puso su anillo sobre la mesa.
Bela colocou seu anel na mesa
y ella se fue a la cama otra vez
e ela foi para a cama novamente
Apenas estaba en la cama cuando se quedó dormida.
mal estava na cama antes de adormecer
Ella se despertó de nuevo a la mañana siguiente.
Ela acordou novamente na manhã seguinte
Y ella estaba muy contenta de encontrarse en el palacio de la bestia.
e ela ficou muito feliz ao se encontrar no palácio da Besta
Ella se puso uno de sus vestidos más bonitos para complacerlo.
ela colocou um de seus vestidos mais bonitos para agradá-lo
y ella esperó pacientemente la tarde
e ela esperou pacientemente pela noite
llegó la hora deseada
finalmente chegou a hora desejada
El reloj dio las nueve, pero ninguna bestia apareció
o relógio bateu nove, mas nenhuma Besta apareceu
Bella entonces temió haber sido la causa de su muerte.
Bela então temeu que ela tivesse sido a causa de sua morte
Ella corrió llorando por todo el palacio.
Ela correu chorando por todo o palácio
Después de haberlo buscado por todas partes, recordó su sueño.
Depois de tê-lo procurado em todos os lugares, ela se lembrou

de seu sonho
y ella corrió hacia el canal en el jardín
e ela correu para o canal no jardim
Allí encontró a la pobre bestia tendida.
lá ela encontrou a pobre Besta estendida
y estaba segura de que lo había matado
e ela tinha certeza de que o havia matado
Ella se arrojó sobre él sin ningún temor.
ela se jogou sobre ele sem nenhum pavor
Su corazón todavía latía
seu coração ainda estava batendo
Ella fue a buscar un poco de agua al canal.
ela buscou um pouco de água no canal
y derramó el agua sobre su cabeza
e ela derramou a água em sua cabeça
La bestia abrió los ojos y le habló a Bella.
a Fera abriu os olhos e falou com a Bela
"Olvidaste tu promesa"
"Você esqueceu sua promessa"
"Me rompió el corazón haberte perdido"
"Eu estava com o coração partido por ter perdido você"
"Resolví morirme de hambre"
"Resolvi morrer de fome"
"pero tengo la felicidad de verte una vez más"
"mas tenho a felicidade de vê-lo mais uma vez"
"Así tengo el placer de morir satisfecho"
"então tenho o prazer de morrer satisfeito"
"No, querida bestia", dijo Bella, "no debes morir".
"Não, querida Fera", disse Bela, "você não deve morrer"
"Vive para ser mi marido"
"Viva para ser meu marido"
"Desde este momento te doy mi mano"
"a partir deste momento eu te dou minha mão"
"Y juro no ser nadie más que tuyo"
"e eu juro não ser ninguém além de seu"
"¡Ay! Creí que sólo tenía una amistad para ti"

"Ai de mim! Eu pensei que tinha apenas uma amizade por você"
"Pero el dolor que ahora siento me convence;"
"mas a dor que agora sinto me convence;"
"No puedo vivir sin ti"
"Eu não posso viver sem você"
Bella apenas había dicho estas palabras cuando vio una luz.
A beleza mal havia dito essas palavras quando viu uma luz
El palacio brillaba con luz
O palácio brilhava com luz
Los fuegos artificiales iluminaron el cielo
fogos de artifício iluminaram o céu
y el aire se llenó de música
e o ar cheio de música
Todo daba aviso de algún gran acontecimiento
tudo dava a conhecer algum grande acontecimento
Pero nada podía captar su atención.
mas nada poderia prender sua atenção
Ella se volvió hacia su querida bestia.
ela se virou para sua querida Besta
La bestia por la que ella temblaba de miedo
a Besta por quem ela tremia de medo
¡Pero su sorpresa fue grande por lo que vio!
mas sua surpresa foi grande com o que viu!
La bestia había desaparecido
a Besta havia desaparecido
En cambio, vio al príncipe más encantador.
em vez disso, ela viu o príncipe mais adorável
Ella había puesto fin al hechizo.
ela havia acabado com o feitiço
Un hechizo bajo el cual se parecía a una bestia.
um feitiço sob o qual ele se assemelhava a uma Besta
Este príncipe era digno de toda su atención.
Este príncipe era digno de toda a sua atenção
Pero no pudo evitar preguntar dónde estaba la bestia.
mas ela não pôde deixar de perguntar onde estava a Besta

"Lo ves a tus pies", dijo el príncipe.
"Você o vê a seus pés", disse o príncipe
"Un hada malvada me había condenado"
"Uma fada perversa me condenou"
"Debía permanecer en esa forma hasta que una hermosa princesa aceptara casarse conmigo"
"Eu deveria permanecer nessa forma até que uma linda princesa concordasse em se casar comigo"
"El hada ocultó mi entendimiento"
"A fada escondeu meu entendimento"
"Fuiste el único lo suficientemente generoso como para quedar encantado con la bondad de mi temperamento"
"Você foi o único generoso o suficiente para se encantar com a bondade do meu temperamento"
Bella quedó felizmente sorprendida
A bela ficou felizmente surpresa
Y le dio la mano al príncipe encantador.
e ela deu a mão ao príncipe encantado
Entraron juntos al castillo
Eles foram juntos para o castelo
Y Bella se alegró mucho al encontrar a su padre en el castillo.
e Bela ficou muito feliz ao encontrar seu pai no castelo
y toda su familia estaba allí también
e toda a sua família também estava lá
Incluso Bella dama que apareció en su sueño estaba allí.
até a bela dama que apareceu em seu sonho estava lá
"Belleza", dijo la dama del sueño.
"Beleza", disse a senhora do sonho
"ven y recibe tu recompensa"
"Venha e receba sua recompensa"
"Has preferido la virtud al ingenio o la apariencia"
"você preferiu a virtude à inteligência ou à aparência"
"Y tú mereces a alguien en quien se unan estas cualidades"
"e você merece alguém em quem essas qualidades estejam unidas"
"vas a ser una gran reina"

"Você vai ser uma grande rainha"
"Espero que el trono no disminuya vuestra virtud"
"Espero que o trono não diminua sua virtude"
Entonces el hada se volvió hacia las dos hermanas.
Então a fada se virou para as duas irmãs
"He visto dentro de vuestros corazones"
"Eu vi dentro de seus corações"
"Y sé toda la malicia que contienen vuestros corazones"
"e eu conheço toda a malícia que seus corações contêm"
"Ustedes dos se convertirán en estatuas"
"vocês dois se tornarão estátuas"
"pero mantendréis vuestras mentes"
"mas vocês manterão suas mentes"
"estarás a las puertas del palacio de tu hermana"
"Você deve ficar nos portões do palácio de sua irmã"
"La felicidad de tu hermana será tu castigo"
"A felicidade de sua irmã será seu castigo"
"No podréis volver a vuestros antiguos estados"
"Você não poderá retornar aos seus antigos estados"
"A menos que ambos admitan sus errores"
"A menos que vocês dois admitam suas falhas"
"Pero preveo que siempre permaneceréis como estatuas"
"mas prevejo que vocês sempre permanecerão estátuas"
"El orgullo, la ira, la gula y la ociosidad a veces se vencen"
"orgulho, raiva, gula e ociosidade às vezes são vencidos"
" pero la conversión de las mentes envidiosas y maliciosas son milagros"
"mas a conversão de mentes invejosas e maliciosas são milagres"
Inmediatamente el hada dio un golpe con su varita.
Imediatamente a fada deu um golpe com sua varinha
Y en un momento todos los que estaban en el salón fueron transportados.
e em um momento todos os que estavam no salão foram transportados
Habían entrado en los dominios del príncipe.

eles haviam ido para os domínios do príncipe
Los súbditos del príncipe lo recibieron con alegría.
Os súditos do príncipe o receberam com alegria
El sacerdote casó a Bella y la bestia
o padre se casou com a Bela e a Fera
y vivió con ella muchos años
e ele viveu com ela muitos anos
y su felicidad era completa
e sua felicidade era completa
porque su felicidad estaba fundada en la virtud
porque sua felicidade foi fundada na virtude

                                El fin
                                Fim

www.tranzlaty.com

www.ingramcontent.com/pod-product-compliance
Lightning Source LLC
Chambersburg PA
CBHW011554070526
44585CB00023B/2599